Table of c

Pages
Les nombres 1 à 10

Pages
Les animaux de la ferme - Farm Animals

Pages 6-7
Les légumes - Vegetables

Pages 8-9
Les nombres 11 à 20 - Numbers 11 to 20

Pages 10-11
Les fruits - Fruits

Pages 12-13
Les jours de la semaine - The Days of the Week

Pages 14-15
Les animaux domestiques - Pets

Pages 16-17
Les nombres 20 à 100 - Numbers 20 to 100

Pages 18-19
Les saisons - The Seasons

Pages 20-21
Les animaux sauvages - Wild Animals

Pages 22-23
Dans la mer - In the Sea

Pages 24-25
Dans les bois - In the Woods

Pages 26-27
Les vêtements et les accessoires - Clothes and Accessories

Les nombres 1 à 10

un - one

deux - two

trois - three

quatre - four

cinq - five

six - six

sept - seven

huit - eight

neuf - nine

dix - ten

Numbers 1 to 10

Les animaux de la ferme

un coq - a cockerel
un cheval - a horse
un âne - a donkey
un mouton - a sheep
une vache - a cow
un chien - a dog
une poule - a chicken
une chèvre - a goat
une oie - a goose
un canard - a duck
un chat - a cat
un cochon - a pig
un dindon - a turkey

Farm Animals

Les légumes

le maïs - sweetcorn
les petits pois (m) - peas
un radis - a radish
une tomate - a tomato
une carotte - a carrot
un oignon - an onion
un chou-fleur - a cauliflower
une pomme de terre - a potato
le broccoli - broccoli
un poivron - a pepper
une citrouille - a pumpkin
une betterave - a beetroot
une laitue - a lettuce
une aubergine - an aubergine
un poireau - a leek
un concombre - a cucumber
un haricot vert - a bean
un chou - a cabbage

Les fruits

un ananas - a pineapple
une poire - pear
une banane - a banana
une orange - an orange
une pêche - peach
un pamplemousse - a grapefruit
des raisins - grapes
une fraise - a strawberry
un citron - a lemon
une cerise - a cherry
une framboise - a raspberry
une pomme - an apple
un kiwi - a kiwi
une prune - a plum
une myrtille - a blueberry

Numbers 11 to 20

Les nombres 11 à 20

onze - eleven

douze - twelve

treize - thirteen

quatorze - fourteen

quinze - fifteen

seize - sixteen

dix-sept - seventeen

dix-huit - eighteen

dix-neuf - nineteen

vingt - twenty

Vegetables

Fruits

Les jours de la semaine

lundi - Monday

mardi - Tuesday

mercredi - Wednesday

jeudi - Thursday

vendredi - Friday

samedi - Saturday

dimanche - Sunday

The Days of the Week

Les animaux domestiques

un poisson - a fish
un chien - a dog
une tortue - a tortoise
un chat - a cat
une gerbille - a gerbil
une perruche - a budgerigar
un lapin - a rabbit
un cochon d'Inde - a Guinea pig
un cheval - a horse
une souris - a mouse
un serpent - a snake
un hamster - a hamster
un perroquet - a parrot

Pets

Les nombres 20 à 100

vingt - twenty

trente - thirty

quarante - forty

cinquante - fifty

soixante - sixty

soixante-dix - seventy

quatre-vingts - eighty

quatre-vingt-dix - ninety

cent - hundred

Numbers 20 to 100

Les saisons

le printemps - spring

au printemps - in spring

l'été (m) - Spring

en été - in spring

l'automne (m) - autumn

en automne - in autumn

l'hiver (m) - winter

en hiver - in winter

The Seasons

Les animaux sauvages

un éléphant - an elephant

un singe - a monkey

une girafe - a giraffe

un rhinocéros - a rhinoceros

un tigre - a tiger

un lion - a lion

un crocodile - a crocodile

un hippopotame - a hippopotamus

un zèbre - a zebra

Wild Animals

Dans la mer

une tortue - a turtle

une méduse - a jellyfish

un poisson - a fish

un crabe - a crab

un coquillage - a shell

une pieuvre - an octopus

un hippocampe - a seahorse

une étoile de mer - a starfish

In the Sea

Dans les bois

un renard - a fox
un escargot - a snail
un lézard - a lizard
un canard - a duck
un hérisson - a hedgehog
une souris - a mouse
une taupe - a mole
une grenouille - a frog
une belette - a weasel
une chenille - a caterpillar
un papillon - a butterfly
un blaireau - a badger
une coccinelle - a ladybird
une araignée - a spider
un rouge-gorge - a robin
un hibou - an owl
un écureuil - a squirrel
une feuille - a leaf
un arbre - a tree
une fleur - a flower
un étang - a pond
une bûche - a log
une pierre - a stone

In the Woods

Les vêtements et les accessoires

une jupe - a skirt
un t-shirt - a t-shirt
les bottes - the boots
un bonnet - a woolly hat
les chaussures - the shoes
une robe - a dress
une chemise - a shirt
un chapeau - a hat
un jean - jeans
une cravate - a tie
des chaussettes - socks
un sweat shirt - a sweat shirt
une écharpe - a scarf
un pantalon - trousers
un pull-over - a jumper
un manteau - a coat
des baskets - trainers
un parapluie - an umbrella
une casquette - a cap
un short - shorts

Clothes and Accessories

Published by Alison Middleton
Telephone: 01623 411496
Website: www.cartescochons.com

Words by Alison Middleton
Illustrations by Anne Oliver
Printed by Portland Print, Portland College, Mansfield.

Copyright © Alison Middleton
ISBN 978-0-9554978-8-9

The author would like to thank Anne Oliver for all her work in creating the illustrations, Lee Harrison from Portland Print and Rosanna, Tegen & Franny for their help in colouring!

The right of Alison Middleton to be identified as author of this work has been asserted by her in accordance with the Copyright Designs and Patent Act 1988.